SIMÃO PEDRO
DE AREIA A PEDRA

Publicações
Pão Diário

*Simão Pedro,
de areia a pedra*

© 2017 Ministérios Pão Diário.
Todos os direitos reservados.

Autor: Karen Kwek
Artista gráfico: Lim Zhi Chuan
Agradecimentos especiais: Lee Miji
 e Minho Hong
Tradução: Thaís Soler
Revisão: Dayse Fontoura, Lozane Winter
 e Rita Rosário
Projeto gráfico: Mary Tham e Naw Day Day
Coordenação gráfica: Audrey Novac Ribeiro
Diagramação: Lucila Lis

As citações bíblicas são extraídas
da Nova Tradução na Linguagem de Hoje
© 2011, Sociedade Bíblica do Brasil

Publicações Pão Diário
Caixa Postal 4190,
82501-970 Curitiba/PR, Brasil
Email: publicacoes@paodiario.org
www.publicacoespaodiario.com.br
Telefone: (41) 3257-4028

Código: QK135
ISBN: 978-1-68043-383-8

1.ª edição: 2017 • 4.ª impressão: 2023

Impresso na China

Pedro é bem parecido conosco. Ao final dos três anos participando do ministério com Jesus, ele experimentou o fracasso.

No entanto, como expressão da maravilhosa graça de Deus, o Cristo ressurreto buscou Pedro e restaurou Seu discípulo para uma vida inteira de serviço e devoção a Ele.

Como resultado da restauração de Pedro, após a ascensão de Jesus ao céu, ele tornou-se um intrépido pregador das boas-novas de salvação testemunhando da morte e ressurreição de Jesus Cristo. Em seu sermão no Dia de Pentecostes em Jerusalém, três mil pessoas entregaram suas vidas ao Senhor ressuscitado (ATOS 2:41).

Em suas duas cartas, Pedro registra as lições aprendidas através da dor e do fracasso para lembrar aos cristãos de como é fácil tropeçar e cair. Este apóstolo também ressalta que aproximar-se de Cristo é um acontecimento, porém, tornar-se como Jesus é uma jornada.

A Jerusalém do primeiro século era uma cidade cosmopolita de grande esplendor e beleza, e também o centro de acontecimentos transformadores.

Certo dia, na Colunata de Salomão dentro do Templo de Jerusalém...
O que está acontecendo aqui?
Preciso chegar mais perto...
Ei, ai, você está pisando no meu pé!
Por que você não sai daqui, então?
Shhh! Ele começou a falar!

Povo de Israel, o que há de tão surpreendente nisso?
Por que nos olham como se tivéssemos feito esse homem andar por nosso próprio poder ou divindade?
Ei, não é o mendigo aleijado?
Mas ele é aleijado desde que nasceu! Como pode estar em pé?

É um milagre!
Eu posso andar
e até pular!
Como isto é possível?
Eu mesmo ajudei a carregá-lo até a porta Formosa deste Templo.
Desde que me lembro, ele tem pedido esmolas ali todos os dias.
Este homem foi curado por Deus, para glorificar ao Seu servo Jesus!
Quem são estes homens?
Você não sabe? Pedro e João. Eles eram amigos daquele Jesus, que foi morto na cruz.
Povo de Israel! Vocês mataram Jesus, mas Deus o ressuscitou dos mortos. Nós vimos isso com nossos próprios olhos...

Pela fé no nome de Jesus, este homem foi curado...

e vocês sabem que esse homem era aleijado antes.

diante dos seus próprios olhos.

A fé no nome de Jesus...

o curou...

Agora Deus o chama, povo de Israel, a se arrepender dos seus pecados. Volte-se para Deus, e Ele limpará os pecados de vocês.
Será que é verdade? Jesus foi mesmo enviado por Deus?
Esse homem, Pedro, ele é incrível! Que orador! Que mensagem!
Deus ressuscitou Jesus dos mortos e o enviará de volta no momento certo, assim como os profetas prometeram!
Jesus veio para converter cada um de vocês dos seus caminhos pecaminosos.
Espere até eu contar ao papai sobre esse homem Pedro!

Cuidado! Corra!

São os sacerdotes e os saduceus, e eles estão trazendo o capitão da guarda do Templo!

Corra! Ou seremos presos também!

Como ousam perturbar a paz do Templo ensinando essas tolices de mortos que ressuscitam?

Pedro e João, vocês serão presos.

Ah não! Preciso sair daqui. Preciso contar ao papai...

Tudo o que Pedro fez...

Tudo o que Pedro disse... Seria verdade?

Pai! Você não vai acreditar!

O que é isso?

Lave suas mãos, sente-se e coma seu jantar.

Lembra quando aquele homem Jesus foi morto na cruz ao lado de dois criminosos?

Sim...

— Hoje no Templo, dois dos Seus seguidores curaram um aleijado que pedia esmolas!

— Hum, me passa o pão?

— Algumas mulheres no Mercado estão falando que esse Jesus está vivo!

— Sim, vocês tinham que ter ouvido Pedro falar sobre isso! A Colunata estava lotada, e ele falou com tanta autoridade...

— É assim que eles o chamam — Pedro! Ele é incrível. Muitas pessoas saíram acreditando que Deus mandou Jesus para nos purificar de nossos pecados.

— Hum, me passa o pão? Quem — você disse Pedro? Simão Pedro?

— Pronto, eu disse para você!

— Argh — cof... Bem, com certeza não é o Simão Pedro que eu conheci!

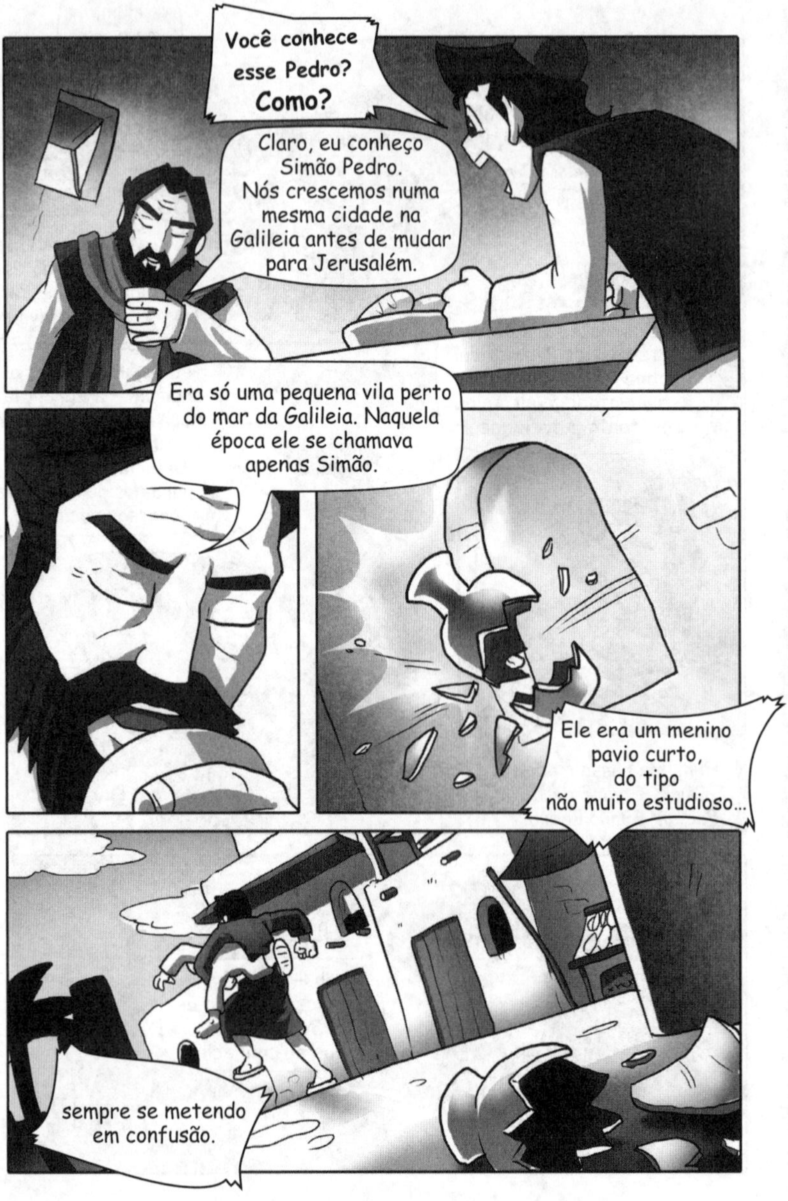
Você conhece esse Pedro? Como?
Claro, eu conheço Simão Pedro. Nós crescemos numa mesma cidade na Galileia antes de mudar para Jerusalém.
Era só uma pequena vila perto do mar da Galileia. Naquela época ele se chamava apenas Simão.
Ele era um menino pavio curto, do tipo não muito estudioso...
sempre se metendo em confusão.

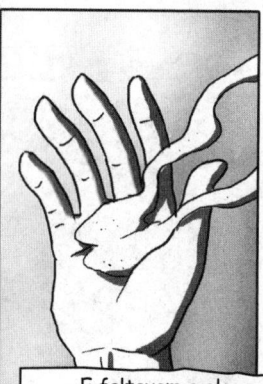

Como muitos de nós, ele cresceu e se tornou pescador.

Ele sempre foi durão, bom em seu trabalho...

mas de temperamento imprevisível.

E faltavam a ele habilidades mais refinadas, com relação as leis judaicas, a escrita, a argumentação.

Então, um dia chegou um estranho e rústico homem na cidade, ele iniciou uma série de acontecimentos que mudariam a vida de Simão para sempre.

Era um tempo de esperança para os judeus em Israel. Eles aguardavam ansiosamente pelo Messias prometido para libertá-los do domínio romano. Conforme cada novo Mestre surgia, a grande questão era: "Será este o Messias?".

Deus me enviou para contar a todos sobre a verdadeira luz.

Alguém virá depois de mim, muito maior do que eu, porque Ele existe muito antes de mim.

O homem estranho e rústico estava ensinando sobre o Messias, e muitas pessoas iam até o rio Jordão para ouvir sua mensagem.

> Entre a multidão, estavam três jovens da vila de pescadores na Galileia.

> Pedro, quem é esse? Será que ele pode ser o Prometido?

> Não sei, João. As pessoas estão chamando ele de João, o Batista. Ele parece ser um profeta enviado por Deus.

> João Batista, somos seus seguidores.

> Eu os batizo com água, mas aquele que vem depois de mim os batizará com o Espírito Santo.

Quando as notícias sobre a mensagem de João Batista chegaram a Jerusalém, as autoridades do Templo enviaram sacerdotes e assistentes do Templo para confrontá-lo na cidade vizinha, Betânia, junto ao rio Jordão, onde João estava batizando.

Em nome do sumo sacerdote, temos que perguntar quem é você. Você é o Prometido?

Eu não sou o Messias.

Muito bem, quem é você? Elias?

Não.

Você é o profeta que todos esperamos?

Não.

Então quem é você? Precisamos de uma resposta para aqueles que nos enviaram.

O que você tem a dizer em sua defesa?

Eu sou a voz que clama no deserto: “Preparem o caminho para o Senhor passar!”.

Se você não é o Messias ou Elias ou o profeta, que direito você tem para batizar?
Sou apenas uma testemunha da verdadeira Luz. Não sou nem digno de desatar Suas sandálias.
Os líderes religiosos não podiam fazer nada, mas a partir de então observavam João atentamente e tentavam descobrir sobre aquele de quem ele falava.

No dia seguinte, João Batista tinha uma surpresa para André e seu amigo João.
Vejam! Eis o Cordeiro de Deus que tira o pecado do mundo. Quando eu o batizei no rio Jordão...
Vi o Espírito Santo descer do céu como uma pomba e pousar sobre Ele.
Vi isso acontecer com Jesus, então testifico que Ele é o Filho de Deus.
Eu não sabia que Ele era o Messias, mas quando Deus me enviou para batizar com água, me revelou:
"Aquele sobre quem você vir o Espírito Santo descer e pousar sobre Ele será aquele que batizará com o Espírito Santo".

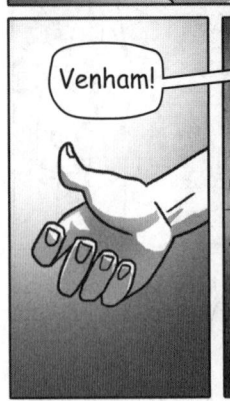

Assim, André acreditou no que João Batista tinha dito sobre Jesus.
Ele e João decidiram seguir a Jesus.

O que vocês querem?

Rabi, deixe-nos estar com o Senhor para que o Senhor nos ensine.

Venham!

Há muita coisa que vocês devem aprender.

André e João ouviram os ensinamentos de Jesus das 4 da tarde até a manhã seguinte.

E foi assim que André encontrou seu irmão Simão.

Preciso ir e encontrar meu irmão Simão para contar as boas-novas sobre Jesus.

Até que enfim. Onde você esteve, André?
Você me deixou em Betsaida com muito trabalho para fazer! Terminei agora de preparar os estoques de peixe desta semana para Jerusalém.
Simão, esqueça tudo isso. Estive em Betânia, perto de onde João Batista está batizando. Ouça!
Encontramos o Messias!
Você acredita em tudo, André! O que faz você pensar que esse é o Prometido, e não apenas mais um maluco?
Venha comigo para conhecê-lo, Simão! Você vai ver!

Rabi, este é o meu irmão.
É... ah... Prazer em conhecê-lo, Rabi.
Isso é constrangedor... por que Ele está me encarando assim?
Seu nome é Simão, filho de João—
Como Ele pode saber — hum... aposto que o André contou o meu nome.

— mas você será chamado Cefas, ou Pedro.
Bem, isso foi estranho. Cefas significa "pedra". Por que Ele me chamaria assim?
Fique aqui e sinta-se à vontade, Simão Pedro.
Naquele dia, Simão Pedro ouviu Jesus falar sobre o reino de Deus. Ele se tornou um seguidor de Jesus.

Aquele era um dia, não muito diferente de qualquer outro dia. Mas Pedro teve um encontro extraordinário que mudou sua vida para sempre.

Eles estão voltando! Os pescadores estão voltando!
Uau, mal posso esperar para ver o que pegaram. Eles estiveram pescando a noite inteira.
André, o que está acontecendo? O sol acabou de nascer. Por que essa gente toda está aqui?

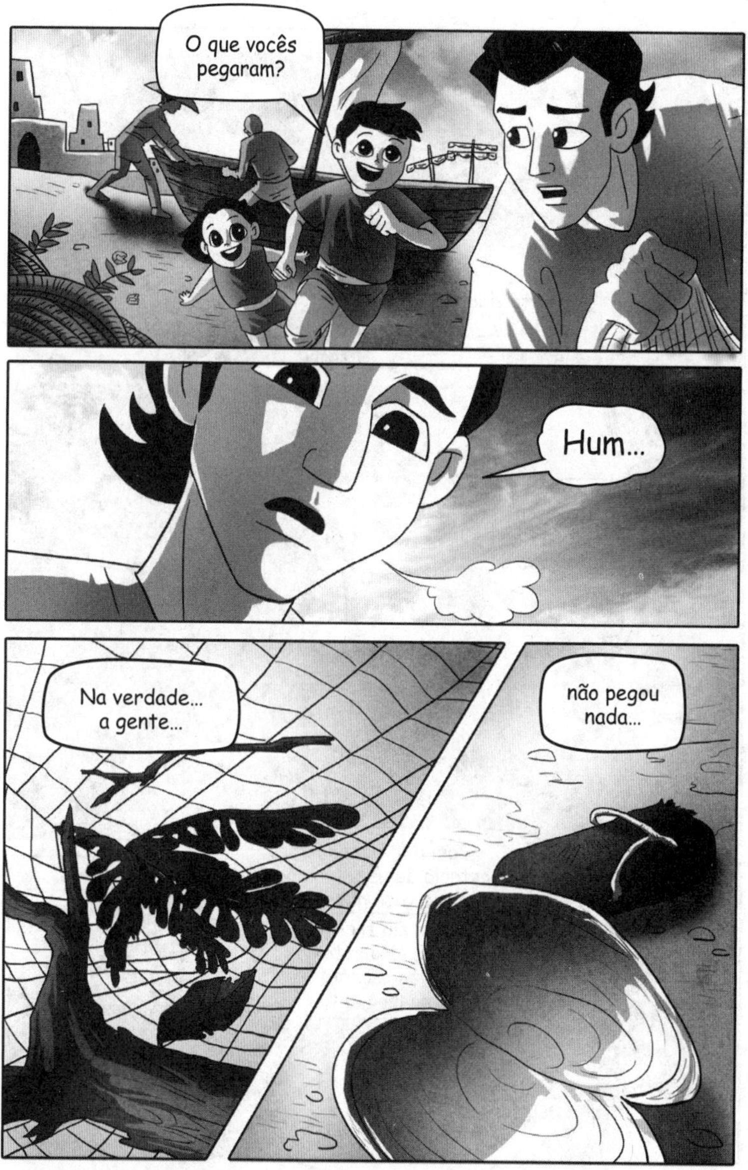
O que vocês pegaram?
Hum...
Na verdade... a gente...
não pegou nada...

— Veja, o Rabi Jesus está vindo para cá.

— Caramba, e toda essa gente está seguindo Ele! Seremos pisoteados.

— Bom dia, Simão Pedro. Gostaria de usar um dos seus barcos, se você não se importar.

— Vá em frente, Rabi. Não estamos os usando no momento.

— Por que Ele iria querer sair de barco a esta hora?

Simão Pedro, por favor me ajude a empurrar o barco a uma distância na água.

Claro, se você diz.

Assim, Jesus ensinou ao povo reunido no mar da Galileia naquele dia.

Arrependam-se, afastem-se dos seus pecados, pois o reino de Deus chegou!

— Incrível, Ele fala com tanta autoridade!

E quando Jesus terminou de ensinar...

— Agora, Simão Pedro, entre. Vamos até as águas mais profundas, onde você possa lançar suas redes.

— Ah, Ele está louco. Quem pesca em plena luz do dia?

— Mestre, trabalhamos arduamente a noite toda e não pegamos nada.

— Mas se o Senhor diz, lançarei as redes novamente.

Preferia estar em casa dormindo agora.
Será que é perda de tempo?
Espere, o que está acontecendo?
O que está acontecendo? Posso sentir as redes mexendo.
Não é só isso! As redes estão tão cheias, que estão começando a rasgar! Vamos ajudar!
Será isto possível?
Peixes demais para a rede aguentar? Vamos lá dar uma mãozinha!

> Precisamos voltar à costa antes que esse barco afunde.

> Como isso é possível? Nunca pescamos tanto em nossa vida!

Foi então que Simão Pedro percebeu que o Rabi Jesus não era um homem comum.

Ó Senhor,
deixe-me por favor,
sou muito pecador
para estar perto
do Senhor.
Não tenha medo!
De agora em diante,
você será pescador
de pessoas.

Naquele dia, Simão Pedro reconheceu Jesus como Mestre e Senhor de sua vida. Ele deixou tudo o que conhecia e se importava...

para seguir a Jesus.

Ao começar sua jornada com Jesus, Pedro testemunhou muitos milagres. A compaixão de Jesus não tinha limites.

Foi assim que a vida de Pedro foi transformada para sempre e ele se tornou quem é hoje?

Bem, espere um pouco. A mudança não aconteceu da noite para o dia.

Estava ficando tarde, e os discípulos estavam preocupados.

Jesus, esse lugar é afastado. Diga ao povo para ir embora para suas vilas, para todos poderem comprar comida para si.

Mas eles entraram em pânico total quando ouviram o plano de Jesus!

Não será necessário — vocês vão alimentar a todos.

Ele está louco? Quero dizer, estamos falando de 5 mil homens, sem contar mulheres e crianças.
Onde Jesus pensa que vamos encontrar dinheiro para alimentar toda essa gente?
Senhor, hum, a menos que o Senhor tenha uma ideia melhor, deveríamos mandar o povo embora para suas vilas, para que comam.
Traga-os aqui.
Mas temos só cinco pães e dois peixes.

"Coloque as pessoas sentadas em grupos."

Jesus tinha uma ideia melhor.

Que dia!
Estou exausto! Preciso de férias.
Quantos cestos de comida sobraram agora que todos comeram o suficiente?
Doze cestos cheios, pessoal!
E todos estão satisfeitos. Não comeríamos nem uma migalha a mais.
Eles comeram o quanto quiseram, e depois disso, os discípulos recolheram 12 cestos do que sobrou. Cerca de 5 mil homens foram alimentados, mais as mulheres e as crianças.

"Agora deixe-me enviar essas pessoas para casa. Quero que todos vocês peguem o barco e atravessem para o outro lado do lago."

Depois de se despedir de todos, Jesus foi para o monte sozinho a fim de orar.

Enquanto isso, no mar da Galileia...

nem tudo estava tão bem.

Rápido, pessoal, mais rápido. O vento está ficando cada vez mais forte.
Impossível. Não podemos esvaziar o barco rápido o bastante. Se as ondas aumentarem um pouco mais, com certeza elas vão virar o barco.
!
Ei, pessoal, vejam... o que é aquilo sobre as águas?
Um fantasma! Um fantasma
É algum tipo de espírito maligno. Socorro!
Está vindo em nossa direção!

Coragem! Sou eu! Não tenham medo!
Ei, essa não é a voz do Senhor? É possível?
Uhuuu! Ele está vindo para nos salvar!
Se é o Senhor mesmo, mande que eu vá andando em cima da água até onde o Senhor está.
Sim, venha.
Cale-se, Simão, não seja louco!
Quem você acha que é, Simão? Você não pode simplesmente andar sobre o mar da Galileia!

Não acredito que isto esteja acontecendo!

Esse foi um dos melhores momentos de Simão Pedro. Ele confiou totalmente em Jesus, e agiu nessa confiança. Então, um pescador comum experimentou algo sobrenatural — andou sobre as águas!

Isso é maravilhoso! Eu estou mesmo andando, pessoal! Andando sobre as águas!

Oops!, talvez isso não tenha sido uma boa ideia...

Então, no momento em que ele se deu conta da realidade dele, Simão Pedro duvidou e se distraiu, assim desviou o olhar do seu Senhor.

Salve-me, Senhor!

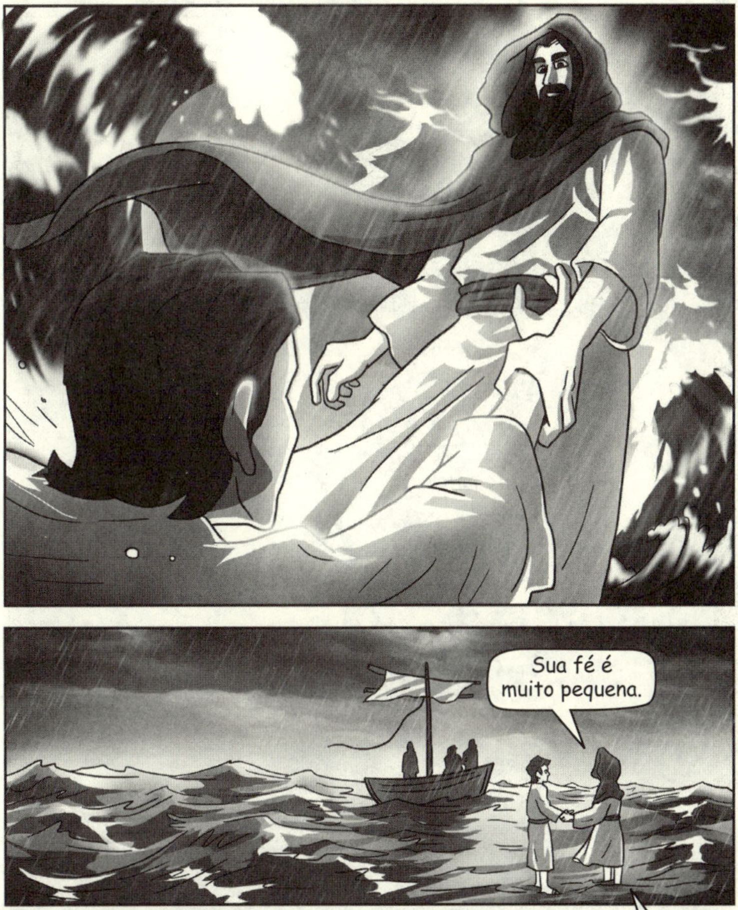
Sua fé é
muito pequena.
Por que duvidou
de mim?

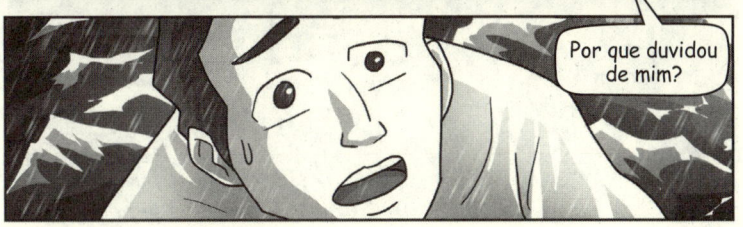

Ei, o vento parou.

> O Senhor — o Senhor é mesmo o Filho de Deus!

Simão Pedro se convenceu sobre a identidade de Jesus.

> Ah, então Simão Pedro se tornou grande a partir de então!

> Hum, não exatamente... Veja bem, somos muito parecidos com ele — cheios de fé num minuto, mas agitados e duvidosos no outro. Deus ainda não tinha feito a Sua obra na vida de Pedro. Ele ainda era uma "obra em andamento".

A jornada de Simão Pedro com Jesus teve altos e baixos. Às vezes, ele crescia no seu conhecimento sobre Deus... mas falhava terrivelmente em outras.

A região de Cesareia de Filipe.

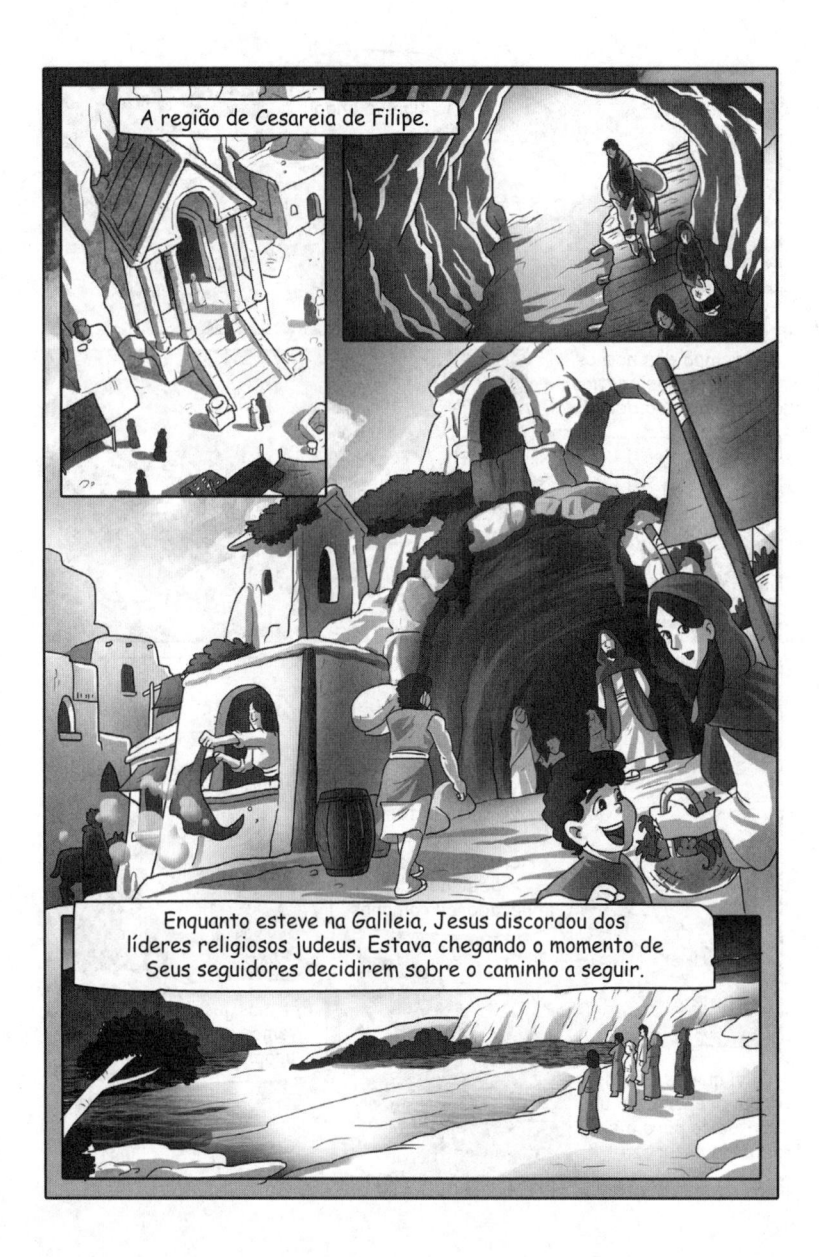

Enquanto esteve na Galileia, Jesus discordou dos líderes religiosos judeus. Estava chegando o momento de Seus seguidores decidirem sobre o caminho a seguir.

Como este lugar é lindo!
As pessoas aqui têm muitas crenças diferentes. No tempo dos nossos ancestrais, os gentios adoravam o falso deus Baal.
Ei, veja! Aquele deve ser o famoso templo construído por Herodes o Grande e dedicado aos imperadores romanos.
Pff, nós judeus temos nosso próprio Rei.
Ouvi que os gregos daqui prepararam um santuário para o seu deus da natureza, Pã.

Jesus parecia ter escolhido o ambiente que oferecia muitas opções religiosas, passadas e presentes, para fazer aos Seus discípulos uma pergunta muito importante...

Quem o povo diz que eu sou?

Bem, alguns dizem que é João Batista.

Alguns dizem que é Elias.

E outros dizem que é Jeremias...

ou um dos profetas.

Mas quem vocês dizem que eu sou?

O Senhor é o Messias, o Filho do Deus vivo!
Você é feliz, Simão filho de João, pois o meu Pai celestial revelou isto a você. Nenhum humano ensinou isso a você.

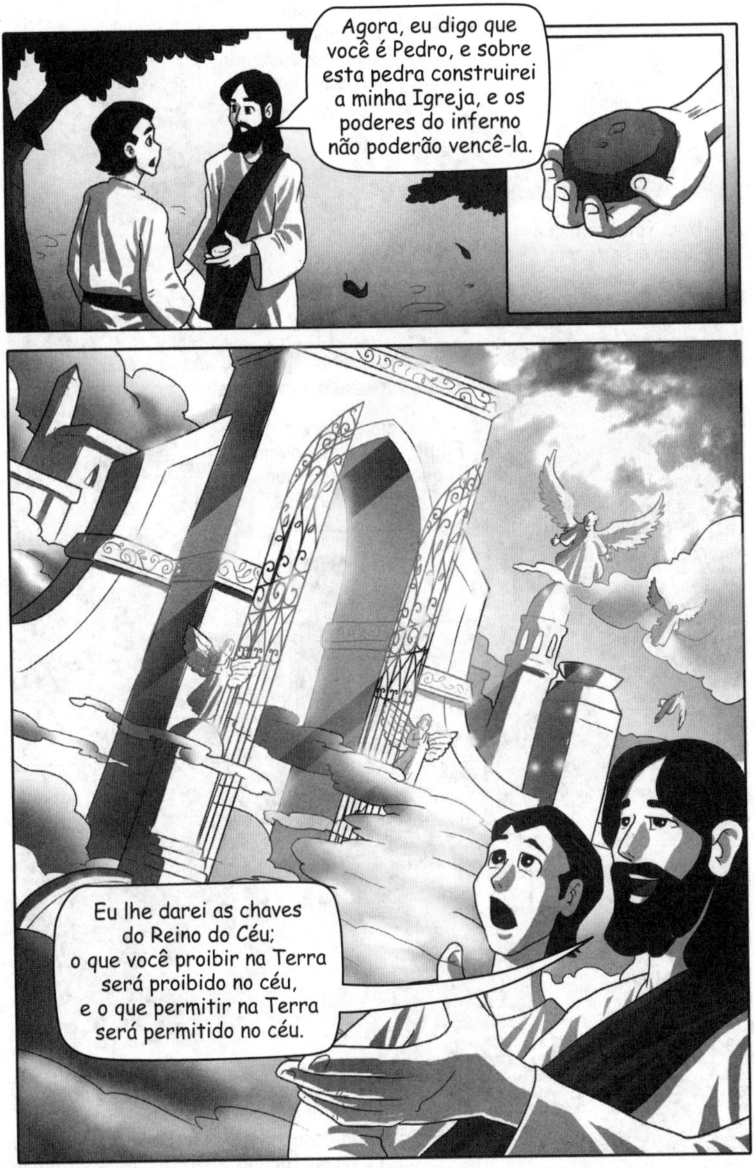
Agora, eu digo que você é Pedro, e sobre esta pedra construirei a minha Igreja, e os poderes do inferno não poderão vencê-la.
Eu lhe darei as chaves do Reino do Céu; o que você proibir na Terra será proibido no céu, e o que permitir na Terra será permitido no céu.

Hum... Bem, não exatamente. Tinha algo que ele ainda precisava aprender.

Uau, foi assim que Pedro se tornou o líder que é hoje?

Olha, em Cesareia de Filipe, Jesus não queria que soubessem que Ele era o Messias.

Por quê?

Jesus sabia que as pessoas estavam esperando um Messias que as libertaria do governo romano. Não aguardavam um Salvador sofredor e crucificado. Seus discípulos tinham a mesma ideia errada.

A partir de então, Jesus começou a dizer claramente aos Seus discípulos que Ele precisava ir para Jerusalém...

e que nas mãos dos anciãos, dos principais sacerdotes e dos mestres da lei religiosa...

Até mesmo a morte...

Jesus sofreria muitas coisas terríveis.

Mas no terceiro dia, Ele ressuscitaria.

"O que deu em Jesus? Que maluquice! Ele não veio para ser o nosso Rei? Que tolice é essa sobre morrer?"

Mas Simão Pedro não estava preparado para o plano eterno de Deus. Ele tinha seus planos e ideias sobre o futuro glorioso que Jesus traria, e estes não envolviam sofrimento ou morte.

"Que Deus não permita! Isso nunca vai acontecer com o Senhor!"

"Afaste-se de mim, Satanás! Você é uma armadilha perigosa para mim."

Nesse momento crucial, Simão Pedro estava defendendo que Jesus seria o Messias sem a cruz. E ao resistir à cruz, ele parecia um inimigo, como Satanás, dos propósitos de Deus.

"Você vê tudo somente da perspectiva humana, não do ponto de vista de Deus."

"Se qualquer um de vocês quiser ser meu seguidor, precisa abandonar seus caminhos egoístas, tomar sua cruz e me seguir."

Jesus estava falando sobre o que seria da vida de Seus seguidores, vivendo para os propósitos e planos de Deus, não para os seus próprios.

Em defesa de Simão Pedro, ele aceitou a repreensão de Jesus com humildade. De fato, ao se aproximar o momento da crucificação, que Pedro queria tanto evitar, seu compromisso de manter-se fiel a Cristo a qualquer custo se intensificou.

Foi assim que Simão Pedro se tornou quem ele é hoje! Espera, ainda não?
Não tão rápido. Simão Pedro ainda dependia de sua própria força para se manter comprometido com Jesus.
Tenho uma sugestão. Por que vocês não continuam em outro lugar para eu poder limpar aqui?
Sim, querida... Então, as coisas ficaram mais e mais intensas para Simão Pedro.

Depois de Simão Pedro identificar corretamente que Jesus era o Filho de Deus, ele e os outros discípulos continuaram seguindo Jesus quando Ele viajou lentamente para as regiões da Galileia, Samaria e Judeia.

Enquanto viajava, Jesus realizou muitos outros milagres...

inclusive fazer um homem morto voltar a viver.

Ele ensinou às pessoas sobre o reino de Deus...

e explicou mais aos Seus discípulos sobre Sua morte, que estava próxima.

Mas Ele é muito popular. As pessoas vão se rebelar contra nós se Ele for morto.

Enquanto isso, como a popularidade de Jesus crescia e mais e mais pessoas acreditavam nele, os líderes religiosos de Israel ficaram com medo e inveja; e planejaram matar Jesus.

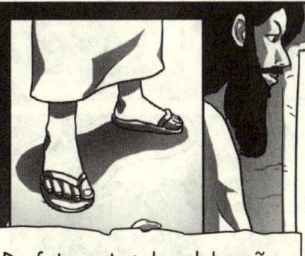

Então temos que ser mais espertos do que o povo. Eu conheço um elo fraco.

De fato, antes da celebração da Páscoa, o diabo já havia posto na cabeça de Judas, filho de Simão Iscariotes, a ideia de trair Jesus.

Hã? O que Jesus está fazendo? Nós deveríamos lavar Seus pés.

Vai lavar os meus pés, Senhor?

Jesus sabia que a hora de Sua morte estava próxima. Humildemente, levantou-se para servir os Seus discípulos. Da mesma forma, Ele entregaria a Sua vida para salvar a humanidade.

Você não entende, agora, o que estou fazendo, porém mais tarde vai entender!

O Senhor jamais lavará os meus pés! Essa é uma tarefa simplória, designada aos servos!

O protesto de Simão Pedro mostrou que apesar das suas melhores intenções, ele não tinha entendido o propósito de Jesus. Pedro ainda se baseava em sua vontade e orgulho para servir ao Mestre. Mas Jesus lhe disse que tinha vindo como servo. Precisamos que Ele nos lave dos nossos pecados.

Se eu não lavar os seus pés, você não poderá ser meu discípulo!

Quem já tomou banho está completamente limpo e precisa lavar somente os pés.

Então, Senhor, não lave somente os meus pés; lave também as minhas mãos e a minha cabeça!

Eu dei o exemplo para que vocês façam o que eu fiz. Sirvam humildemente uns aos outros.

Durante a refeição, Jesus se tornou mais e mais inquieto, pois sabia que um deles à mesa era seu inimigo.

Vou falar a verdade, um de vocês vai me trair!

Psiu, João, de quem Ele está falando?

Senhor, quem é ele?

É aquele a quem vou dar um pedaço de pão passado no molho!

Jesus identificou Judas como Seu traidor...

e permitiu que ele fosse fazer seu trabalho sujo.

Meus filhos, não vou ficar com vocês por muito tempo. Vocês vão me procurar, mas eu digo agora o que já disse aos líderes judeus: Vocês não podem ir para onde eu vou.

Depois que Judas Iscariotes saiu, Jesus falou com os discípulos sobre a Sua morte e sobre o céu. Mas eles ainda não entendiam para onde Ele ia. Jesus prometeu dar a eles o Espírito da verdade como guia, após Sua partida.

Jesus, para onde é que o Senhor vai?

Você não pode ir agora para onde eu vou. Um dia você poderá me seguir!

Simão, Simão! Satanás já conseguiu licença para pôr cada um vocês à prova. Ele vai peneirá-los como o lavrador peneira o trigo a fim de separá-lo da palha. Mas eu tenho orado por você, Simão, para que não lhe falte fé. E, quando você voltar para mim, anime os seus irmãos.

Estou pronto para ser preso e morrer com o Senhor! Por que não posso ir com o Senhor agora?

Morrer por mim? Eu digo a você, Pedro, que hoje, antes que o galo cante, você dirá três vezes que não me conhece.

Não, isso é impossível! Vou defendê-lo até o fim!

Ao anoitecer, Jesus se retirou para o monte das Oliveiras onde Ele e os discípulos iam muitas vezes. Jesus disse para que ficassem alertas enquanto Ele orava.

Mas, exaustos, os discípulos mal conseguiam manter os olhos abertos.

Por que vocês estão dormindo? Levantem-se e orem para que não sejam tentados.

E Simão Pedro falhou com Jesus naquele momento crucial.

Então o traidor, Judas Iscariotes, levou os líderes judeus até Aquele a quem eles procuravam. Mas Jesus já sabia de tudo o que iria acontecer.

Judas, é com um beijo que você trai o Filho do Homem?
Sobre o meu cadáver!
Senhor, devemos atacar essa gente com as nossas espadas?
Vop!
ARGH!!

Basta! Coloquem suas espadas de volta na bainha.

Por que vocês vieram com espadas e porretes para me prender como se eu fosse um bandido?

Por que não me prenderam no Templo? Eu estava lá todos os dias.

Mas esta é a hora de vocês e também o momento em que o poder da escuridão reina.

Não!

Shhh, calma! Tem mais.

Como Simão Pedro demonstrou coragem?

Não tenho certeza do que ele fez...

Vamos lá, eu conheço o sumo sacerdote. Nós os seguiremos até a casa dele.

Não, nós não podemos abandonar o Senhor. Vamos voltar.

Simão Pedro e João seguiram Jesus até a casa do sumo sacerdote, mas Pedro foi proibido de ir ao pátio com João e Jesus. Assim, ele esperou do lado de fora dos portões.

Ei, você não é um dos discípulos daquele homem, é?
Hã? Mulher, eu nem conheço esse homem!
Você também é um deles!
Homem, eu não sou um deles.
Eu não vi você no monte das Oliveiras com Jesus?
Você estava mesmo com Ele, pois também é galileu.
Ei, não foi você quem cortou a orelha do meu primo?

Homem, eu não sei do que é que você está falando!
COCORICÓ
Ele disse: "Hoje, antes que o galo cante, você dirá três vezes que não me conhece."
Ó meu Senhor, o que eu fiz? O Senhor estava certo — perdoe-me, Jesus, o que eu fiz?

Isso é terrível! Simão Pedro desistiu logo quando Jesus mais precisava dele!

Até agora, Simão Pedro parece que tem agido como um tagarela e mentiroso.

Você ficará feliz em saber que esse não foi o fim da história.

Ah, não seja tão duro com ele antes de ouvir todos os fatos!

Mas Jesus morreu! Seus discípulos não puderam evitar! Simão Pedro falhou com Ele!

Sim, mas isso não quer dizer que Jesus fracassou. Não esqueça que Jesus sabia que Sua morte era parte do plano de Deus para salvar o mundo.

Sério? Ok, estou ouvindo.

— um plano no qual Simão Pedro ainda teria uma função importante.

Pilatos considerou Jesus inocente de traição contra o Império Romano. Ele queria libertá-lo. Mas a multidão queria Jesus crucificado. Então, Pilatos condenou Jesus a morrer como eles exigiram. Ele foi pregado a uma cruz, e depois que Ele morreu...

...o corpo de Jesus foi tirado da cruz, envolto em panos de linho, e colocado num sepulcro.

Não acredito que Ele está morto. E eu o decepcionei, João. Não consigo me perdoar.

Você fez o seu melhor, Simão Pedro. Nosso Senhor sabia.

No terceiro dia, bem cedo, enquanto ainda estava escuro, descobriram que o sepulcro estava vazio.

Eles tiraram o corpo do Senhor do sepulcro, e não sabemos onde eles o colocaram!

Vamos, precisamos ver isso com nossos próprios olhos!

Hã?

— O que aconteceu aqui?

— Por que um ladrão de túmulos roubaria o Seu corpo e deixaria para trás as roupas e as especiarias, que têm muito valor?

— E o lençol da cabeça está dobrado, separado dos outros panos de linho que o envolviam.

— Você realmente acha que Ele —?

— Eu não sei o que pensar, Simão Pedro! Mas Ele disse que iria voltar. E eu acredito que Ele realmente era o Filho de Deus, o Messias, como Ele disse.

Devemos reunir os outros e dizer a eles o que encontramos.

Gostaria de saber o que está acontecendo.

Mais tarde e nos dias seguintes, a vida dos seguidores de Jesus virou de cabeça para baixo.

De perto e de longe chegaram relatos da ressurreição de Jesus e de aparições aos Seus seguidores.

Ele apareceu aos Seus seguidores, que tinham começado a se reunir.

Que a paz esteja com vocês!

Senhor! Mas como? Trancamos as portas para que os líderes judeus não pudessem prender ninguém.

Toquem em mim e vocês vão crer, pois um fantasma não tem carne nem ossos, como vocês estão vendo que eu tenho

Nesta e em outras ocasiões, Ele até provou que não era um fantasma.

E provou a um deles que duvidava que realmente fosse Jesus, ressurreto.

Senhor meu e Deus meu!

Veja as minhas mãos e ponha o seu dedo nelas. Estenda a mão e ponha no meu lado. Pare de duvidar e creia!

Uau, então é verdade! Foi assim que Simão Pedro encontrou a convicção da sua vida?

Sim, mas estamos chegando na melhor parte, filho. Ela demonstra o quanto Jesus se importou com Simão Pedro.

Foi dito a alguns dos discípulos para esperarem na Galileia por mais notícias.

Eu vou pescar.

Nós também vamos.

Melhor voltarmos para a costa logo. Já vai amanhecer.

Nada de peixe a noite inteira.

Amigos, vocês pescaram alguma coisa?
Quem está perguntando?
Não.

Joguem a rede do lado direito do barco, que vocês acharão peixe!

Algo me parece muito familiar nisso...
Não vai fazer mal tentar, eu acho.

— Uau, que pescaria!

— Não admira. Deveríamos saber. É o Senhor!

— A rede está muito pesada para puxar para o barco! Nós vamos ter que arrastá-la para a praia.

— Eu vou na frente! Vejo vocês de volta na praia.

— Tragam alguns desses peixes que vocês acabaram de pescar.

"Agora, venham comer!"

Esta foi a terceira vez que Jesus apareceu aos Seus discípulos desde que tinha ressuscitado.

"Simão, filho de João, você me ama mais do que estes outros me amam?"

Depois de comerem aquela manhã, Jesus teve uma conversa muito especial com Simão Pedro.

"Sim, o Senhor sabe que eu o amo!"

"Então, alimente as minhas ovelhas."

Simão, filho de João, você me ama?
Sim, o Senhor sabe que eu o amo!
Tome conta das minhas ovelhas!
Simão, filho de João, você me ama?
Senhor, o Senhor sabe tudo e sabe que eu o amo!
Pedro ficou triste por Jesus ter perguntado três vezes para confirmar sua devoção a Ele, mas Jesus estava, na verdade, dando a Pedro outra chance, depois que ele o negou três vezes.
Siga-me!
Jesus estava pedindo a Simão Pedro para reunir e cuidar de Seus seguidores. Jesus confiou esta preciosa obra a um homem que tinha tido uma longa jornada com Ele e iria continuar a confiar nele e fazer o seu trabalho até o fim.

Quarenta dias após Sua ressurreição, Jesus subiu aos céus. Os discípulos foram informados de que um dia Ele voltaria em glória.

Quando Jesus falou com Seus discípulos sobre Sua morte, Ele também prometeu enviar o Espírito Santo de Deus da verdade, para guiar e confortá-los.

Uhum...

Jesus disse aos Seus discípulos para contarem a todos sobre Ele e sobre o reino de Deus.

Eu enviarei o consolador, o Espírito da verdade, que vem do Pai, ele falará a respeito de mim. E vocês também falarão a meu respeito porque estão comigo desde o começo.

Fiquem em Jerusalém e esperem até que o Pai lhes dê o que prometeu, conforme eu disse a vocês. João batizou com água, mas daqui a poucos dias vocês serão batizados com o Espírito Santo.

Depois que Jesus ressuscitou, deu aos discípulos mais instruções.

Enquanto isso, Simão Pedro começou a corresponder ao chamado que Jesus tinha lhe dado — liderar e cuidar dos cristãos.

É verdade, como Jesus tinha prometido, o Espírito Santo veio habitar em todos os cristãos, a partir do Dia de Pentecostes.

Naquele dia, o Espírito Santo permitiu que os cristãos falassem nas línguas de todos os povos que viviam em Jerusalém, como um sinal para que todos soubessem que Jesus ressuscitou verdadeiramente e que Ele é o Messias que todos estavam esperando.

Clame o nome de Jesus e seja salvo!

Aleluia, louvado seja o Senhor!

Jesus ressuscitou dos mortos!

Eles estão louvando a Deus em árabe!
Eu ouço o idioma egípcio!
Eles estão louvando a Deus em parta!
Você está ouvindo? Eles são galileus. Como poderiam saber latim?

E o Espírito Santo deu a Simão Pedro palavras de vida e verdade!
Homens de Israel, escutem o que eu vou dizer. Deus mostrou a vocês que Jesus de Nazaré era um homem aprovado por Ele. Pois, por meio de Jesus, fez milagres, maravilhas e coisas extraordinárias no meio de vocês, como vocês sabem muito bem.
Deus, por Sua própria vontade e sabedoria, já havia resolvido que Jesus seria entregue nas suas mãos. E vocês mesmos o mataram por mãos de homens maus, que o crucificaram.
Mas Deus ressuscitou Jesus, livrando-o do poder da morte, porque não era possível que a morte o dominasse.
Pode isso ser verdade? Ele fala com tanta convicção.
Todo o povo de Israel deve ficar bem certo de que este Jesus que vocês crucificaram é aquele que Deus elegeu Senhor e Messias.
Irmãos, o que devemos fazer?

Arrependam-se, e cada um de vocês seja batizado em nome de Jesus Cristo para que os seus pecados sejam perdoados, e vocês receberão de Deus o Espírito Santo.

Pois essa promessa é para vocês, para os seus filhos e para todos os que estão longe, isto é, para todos aqueles que o Senhor, nosso Deus, chamar.

Naquele dia quase 3 mil se juntaram ao grupo dos seguidores de Jesus. E assim você viu como Deus agiu na vida de Simão Pedro. Ele transformou um homem comum em um servo de Deus dinâmico para trazer muitas pessoas ao Seu reino.

Como Deus é incrível!

Sim. Apesar da fraqueza de Simão Pedro, Deus estava feliz em usá-lo para cuidar de Sua Igreja e construir o Seu reino.

Simão Pedro não é diferente de nós. Até os momentos finais de seus três anos com Jesus, ele lutou com o fracasso. Ainda assim, como uma expressão da maravilhosa graça de Deus, o Cristo ressurreto buscou e restaurou Seu amigo para uma vida de serviço útil ao reino.

Você quer dizer que Deus pode nos usar também?

Sim, pois a transformação de Simão Pedro no homem dinâmico que você viu e ouviu mais cedo, aconteceu por causa da ação de Deus na vida dele.

Os governantes e autoridades do Templo prenderam Simão Pedro e João hoje. Eu preciso descobrir o que aconteceu a eles!

No dia seguinte, na reunião do Conselho...

Tragam os prisioneiros!

O que está acontecendo ali?

Não tenho certeza. Eles trouxeram os apóstolos Pedro e João hoje de manhã, depois de curarem o aleijado na Porta Formosa ontem.

Preciso entrar...

Estes homens são culpados de perturbar a paz. O povo diz que eles curaram um aleijado.

Com que poder ou em nome de quem vocês fizeram isso?

Autoridades e líderes do povo! Os senhores estão nos perguntando hoje sobre o bem que foi feito a este homem?
Vocês querem saber como ele foi curado?
Pois então os senhores e todo o povo de Israel fiquem sabendo que este homem está aqui completamente curado pelo poder do nome de Jesus Cristo de Nazaré...
...aquele que os senhores crucificaram e que Deus ressuscitou.
Não há salvação em nenhum outro! Pois não há no mundo inteiro nenhum outro nome que Deus tenha dado aos seres humanos, por meio do qual possamos ser salvos.

Impressionante! Você viu como eles são ousados?

E eles são apenas pescadores, sem treinamento algum nas Escrituras!

Levem-nos daqui!

Temos que impedir isso antes que um motim aconteça. Estes homens eram amigos daquele judeu, Jesus. E eles não são os únicos...

E ninguém pode negar que eles curaram aquele mendigo. Todos em Jerusalém estão falando sobre isso.

Então vamos fazer um acordo com esses pescadores.

Vamos libertá-los com uma condição...
Vocês não podem mais falar ou ensinar em nome de Jesus.
Vocês pensam que Deus quer que obedeçamos a vocês em vez de obedecermos a Ele?
Não podemos parar de falar sobre tudo isso...
...que nós temos visto...
É isso aí! Conte a eles!
...e ouvido.
Como ousa nos desafiar? Podemos prendê-los, mandar chicoteá-los e deixá-los famintos!

"A multidão do lado de fora está exigindo a libertação destes dois homens...

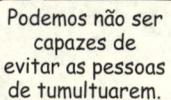

Podemos não ser capazes de evitar as pessoas de tumultuarem."

"Deixe-os ir."

HURRA!

E assim, o apóstolo Pedro passou a proclamar a mensagem do evangelho e a levar muito mais pessoas a crer em Jesus. Ele também escreveu muitas cartas a igrejas cristãs, para ensinar e encorajá-las.

Pedro, a rocha, foi a prova viva do poder de Cristo, que nos capacita a sermos úteis ao Seu reino apesar dos nossos fracassos e imperfeições.

Fim

A vida é uma jornada

Pedro é bem parecido conosco. Bem no final dos seus três anos com Jesus, ele lutou com o fracasso.

No entanto, como expressão da maravilhosa graça de Deus, o Cristo ressurreto buscou Pedro e restaurou Seu amigo para uma vida inteira de serviço proveitoso.

Como resultado da restauração de Pedro, nós o vemos justamente dez dias após a ascensão de Jesus ao céu, pregando o grande sermão no Dia de Pentecostes, durante o qual 3 mil pessoas entregaram suas vidas ao Senhor ressuscitado (Atos 2:41). Ele demonstrou coragem advinda da habitação do Espírito Santo em sua vida declarando, corajosamente, a ressurreição de Cristo para muitas pessoas que conspiraram para crucificar o Filho de Deus.

Contudo, ele também continuou a batalha com o seu próprio coração. Em Gálatas 2:11, Pedro foi repreendido por Paulo por ter-se aliado a homens que ele sabia que estavam errados. Pedro, no entanto, superaria os seus fracassos e viveria para o serviço do Cristo vivo.

Anos mais tarde, talvez refletindo sobre tantas batalhas espirituais que perdera, Pedro escreveu:

Estejam alertas e fiquem vigiando porque o inimigo de vocês, o Diabo, anda por aí como um leão que ruge, procurando alguém para devorar. Fiquem firmes na fé e enfrentem o Diabo porque vocês sabem que no mundo inteiro os seus irmãos na fé estão passando pelos mesmos sofrimentos. —1 Pedro 5:8,9

As lições do Getsêmani finalmente se realizaram e Pedro podia usar suas dolorosas experiências de vida e nos proporcionar a sabedoria registrada nas duas cartas escritas por ele e, na opinião de muitos estudiosos, os relatos do evangelho de Marcos são o resultado das próprias experiências do apóstolo com Jesus Cristo. Em 2 Pedro 1:1-13 é como se Pedro estivesse refletindo sobre os episódios de fracasso mostrando um caminho para o crescimento e dependência espiritual — lições aprendidas através da dor e do fracasso. E, de fato, suas palavras finais são uma lembrança escrita de como é fácil tropeçar e cair:

Porque é melhor sofrer por fazer o bem, se for esta a vontade de Deus, do que por fazer o mal. Pois o próprio Cristo sofreu uma vez por todas pelos pecados, um homem bom em favor dos maus, para levar vocês a Deus. Ele morreu no corpo, mas foi ressuscitado no espírito.
—2 Pedro 3:17,18

Pedro estava nos relembrando que aproximar-se de Cristo é um acontecimento, porém, tornar-se como Jesus é uma jornada. Ao longo do caminho, teremos altos e baixos, a exemplo de Simão Pedro, mas podemos confiar na força de Cristo para nos capacitar a sermos úteis — apesar de nossas falhas humanas e inadequações. Podemos crescer na graça e no conhecimento de Cristo. Em oração, podemos encontrar a Sua misericórdia e graça para nos ajudar em nossos próprios momentos de necessidade (Hebreus 4:16).

Nossa luta, ao expressarmos a vida cristã, é uma batalha que dura a vida inteira — porém, é uma batalha que vale a pena lutar. Será totalmente válida, como diz o cântico, quando virmos Cristo. "Sabemos que, quando ele se manifestar, seremos semelhantes a ele, porque haveremos de vê-lo como ele é (1 João 3:2) — e a batalha será finalmente vencida, em Jesus.

Extraído do livreto da série *Descobrindo a Palavra* Simão Pedro — uma pedra movida por Deus.

Para baixar uma cópia desse livreto vá a esse link:
**http://cdn.rbcintl.org/cdn/pdf/
br_P2902_t_SimaoPedro_web.pdf**

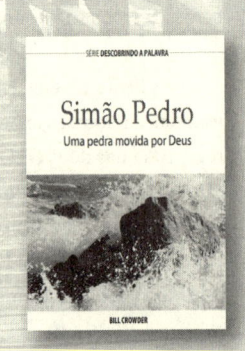

JOSÉ
O VENCEDOR

A história de José contém elementos dramáticos, e em toda a trama você vê a mão de Deus. Durante altos, baixos e reviravoltas o Senhor cumpre os Seus propósitos. A vida de José é um exemplo de que Deus permanece no controle em todas as situações.

MANASSÉS

A VOLTA DO REI

Do palácio real a uma cela de prisão, a história de Manassés fala sobre um homem que foi educado nos caminhos do Senhor, mas que se afastou dele durante sua idade adulta. Embora distante de Deus, o Senhor não o abandonou. Na escuridão de sua cela, o rei se volta para o verdadeiro Deus. Veja como o firme e constante amor divino gerou a transformação na vida deste homem.

MANASSÉS
A VOLTA DO REI